Texto © Fátima Mesquita
Ilustração © Fábio Sgroi

Direção editorial
Marcelo Duarte
Patth Pachas
Tatiana Fulas

Gerente editorial
Vanessa Sayuri Sawada

Assistentes editoriais
Henrique Torres
Laís Cerullo

Assistente de arte
Samantha Culceag

Organização
Dodora Mesquita

Diagramação
A+ Comunicação

Revisão
Lucy Caetano de Oliveira

Impressão
PifferPrint

CIP – BRASIL. CATALOGAÇÃO NA FONTE
SINDICATO NACIONAL DOS EDITORES DE LIVROS, RJ

Mesquita, Fátima.
A incrível fábrica de cocô, xixi e pum / Fátima Mesquita. – 1ª ed. – São Paulo: Panda Books, 2007. 32 pp.

ISBN: 978-85-88948-36-5

1. Nutrição – Literatura infantojuvenil. 2. Digestão – Literatura infantojuvenil. I. Título.

07-0617   CDD: 612.3
                CDU: 612.3

2025
Todos os direitos reservados à Panda Books.
Um selo da Editora Original Ltda.
Rua Henrique Schaumann, 286, cj. 41
05413-010 – São Paulo – SP
Tel./Fax: (11) 3088-8444
edoriginal@pandabooks.com.br
www.pandabooks.com.br
Visite nosso Facebook, Instagram e Twitter.

Nenhuma parte desta publicação poderá ser reproduzida por qualquer meio ou forma sem a prévia autorização da Editora Original Ltda. A violação dos direitos autorais é crime estabelecido na Lei nº 9.610/98 e punido pelo artigo 184 do Código Penal.

FSC
www.fsc.org
MISTO
Papel | Apoiando o manejo florestal responsável
FSC® C044162

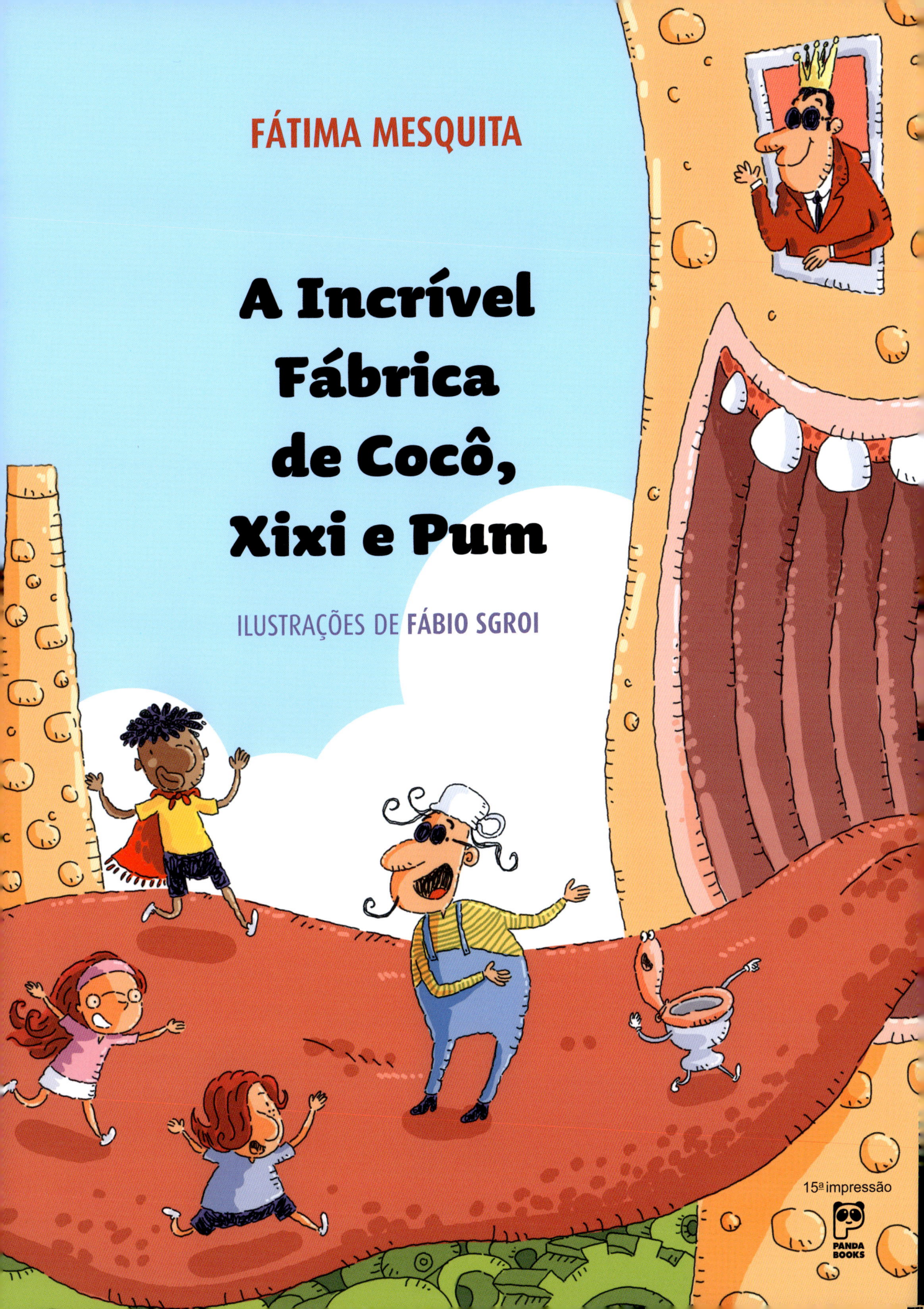

Para os primos e primas:

De um lado, Quequel, Mônica, Simoninha e Leo; Dadá, Bia, Bel e Nando; Gero, Natão, Kiti e Rafa – meu afilhadão!; Celo, Cadão, Dudu, Paulinho e Sandrinha; Lucá, Cláudia e Kiko; Uuca; Fred e Fernando; e ainda o Felipe. Da outra banda, Marcel, Adriana, Mazé e Marquinhos (in memoriam); Juliana, Catarina, Luíza, Ana Paula e Kika; Fernandinho e Júlia; Débora, Dedéia – a mais especial de todas! – e ainda o Helvécio.

Seu corpo é uma incrível fábrica de energia. Eu, você, todos os animais, todas as plantas e até as bactérias somos seres vivos. E para viver, meu colega e minha colega, nós precisamos de energia.

Toda vez que você corre, faz gol, dá susto nos outros, penteia o cabelo e joga videogame, está gastando energia. Mesmo quando não faz muito mais do que apertar o botão do controle remoto para mudar o canal da televisão, você também está gastando energia. Porque o seu corpo precisa respirar, fazer o coração bater, o cérebro funcionar... É muita coisa, não é?

Seu corpo bonitão precisa de energia e de substâncias especiais para que tudo isso funcione. E é aqui que mora a grande pergunta: como é que seu corpo consegue essa energia? A resposta é fácil: o corpo absorve energia de coisas simples, como a água e a comida – e com a ajuda do ar que respiramos.

Aqui, neste livro, nós vamos falar de comida e de bebida – as delícias que devoramos todos os dias. Ou você não quer saber como um delicioso pedaço de pizza acaba virando cocô dentro da sua barriga?!

Pois, então, seja bem-vindo à...

Incrível Fábrica de Cocô, Xixi e Pum

Recebendo a matéria-prima

Eis aqui a nossa pizza. Para que ela fique mais nutritiva e saudável, pedimos uma redonda com bastante verdura e legumes. Encomendamos uma pizza de milho com atum mais brócolis e abobrinha. Ah, eu sei, eu sei que esse não é o seu sabor predileto, mas é só hoje, só aqui no livro, de mentirinha. Somente para ajudar todo mundo a entender como é que a pizza bonita e cheirosa vira caca fedida e feiosa. Vamos lá.

Tudo o que a gente come precisa ser digerido. E a digestão começa bem aqui, na boca, quando você sente o cheiro de comida. Nesse instante, sua boca fica cheia d'água, ou seja, cheia de saliva.

Saliva é o nome certo da baba, que, às vezes, chamamos de cuspe. A saliva nos ajuda a sentir o gosto das coisas, a amassar a comida e também dá uma força na hora de engolirmos.

Além da saliva, os dentes e a língua dão uma força quando é hora de comer.

Os dentes cortam, amassam e trituram a comida. Quando bem tratados e saudáveis, são duros e fortes. Com o auxílio dos músculos do rosto, você pode morder coisas com uma força que nem imagina!

Já a sua língua ajuda você a falar, a engolir e também a descobrir a temperatura e os diferentes sabores do que você põe na boca.

Na nossa língua existem mais de dez mil pecinhas especializadas em nos informar se o que colocamos na boca é doce, salgado, azedo ou amargo, e se aquele treco está quente ou frio. Essas pecinhas são chamadas de "papilas". E o sobrenome delas é "gustativas". **Papilas gustativas**.

POR DENTRO DA FÁBRICA

1. pizza no prato

2. nariz e língua se animam com o cheirinho da pizza

3. boca cheia de saliva (é você babando para a pizza!)

4. pizza partida em pedaços

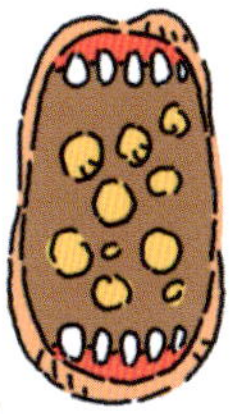

5. pizza na boca

6. dentes mastigam a pizza

7. língua amassa a pizza com a ajuda da saliva

8. língua joga a pizza para a garganta

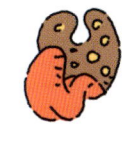

Sua liquidamáquina

A comida que você vai transformar em cocô chegou à sua fábrica pela boca. Ali já começa a ser separada, quebrada, amassada e preparada para seu corpo usar. Quando você engoliu, a comida passou direitinho por uma portinhola que se chama epiglote, desceu por um tipo de cano, o esôfago, e depois caiu lá dentro do seu **estômago**. Tibum! Chegou!

Mas você faz ideia de onde fica o seu estômago?

Ele está um pouquinho à esquerda na sua barriga, bem perto do coração, embaixo das costelas. E o estômago mais parece um tanque na forma da letra jota. Lá dentro desse tanque cabem até quatro litros de comida de uma só vez. É espaço equivalente a duas garrafas grandonas de refrigerante. Já pensou?

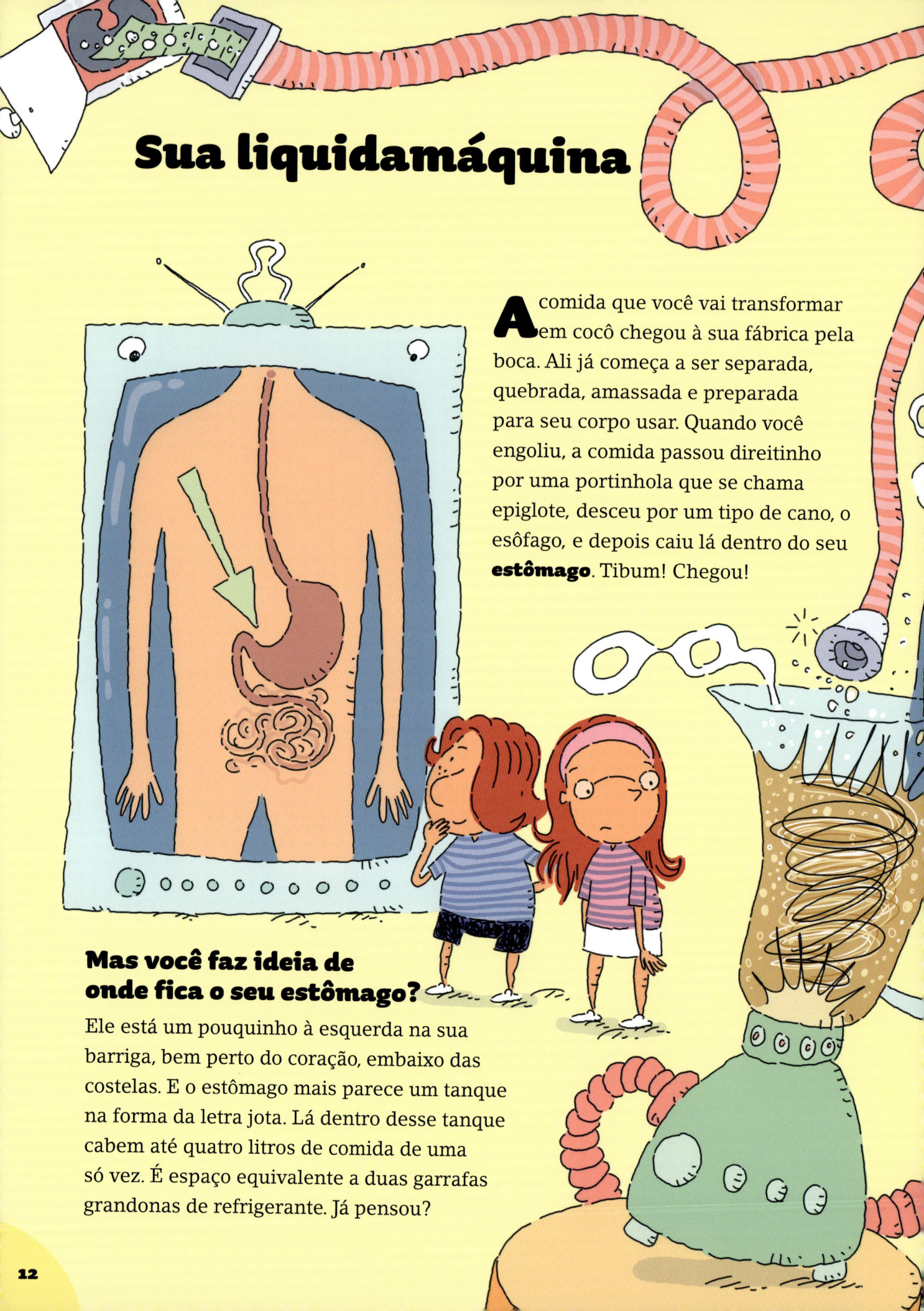

O estômago prepara os alimentos para que os nutrientes possam ser absorvidos pelo seu corpo. Assim, você pode ficar cheio-cheio de energia para fazer o que quiser.

Seu estômago tem 35 milhões de covinhas que produzem, por dia, dois litros de um ácido superpoderoso. O nome dessa poção com poderes quase mágicos é "suco" e o sobrenome é "gástrico", **suco gástrico**.

Com a ajuda desse suco, seu estômago derrete os alimentos. E faz isso tudo como se fosse um liquidificador. Não, melhor, como se fosse uma máquina de lavar.
Ah, quer saber, ele faz isso tudo como se fosse uma "liquidamáquina", meio liquidificador, meio máquina de lavar. Aí seu estômago deixa de molho tudo o que você comeu. Ele dá uma surra na coitada da pizza, que, para falar a verdade, nem tem mais cara de pizza. Agora tem cara é de sopa, de tão estraçalhada que a coitada está.

Seu estômago também recebe uma mãozinha de dois outros órgãos que existem dentro da gente: o **fígado** e o **pâncreas**.

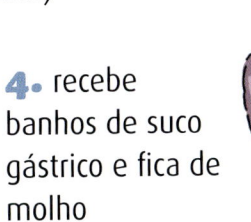

Depois que o estômago partiu em milhares de pedacinhos muito pequenos o que você engoliu, é hora de mandar tudo para o **intestino**.

1. a porteira chamada epiglote mostra o caminho certo pra pizza, senão ela ia parar no pulmão, e você, cof, cof, cof, engasgaria

2. pizza amassada, picotada e toda molhada de baba desce pelo esôfago

3. pizza melecada chega ao estômago e leva uma surra (kung fu, ai ki dor, luta livre... tudo contra a pizza!)

5. pizza toda estraçalhada vai para o intestino

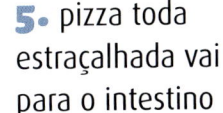

4. recebe banhos de suco gástrico e fica de molho

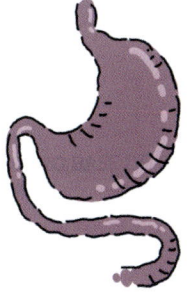

Milhões de pecinhas para separar e enviar

O intestino é, com certeza, a parte mais fedorenta do seu corpo. No entanto, ele faz um trabalho delicado e fundamental. Sem ele, o que você comeu ou bebeu não serviria pra nada (a não ser para deixar você bem contente!). O intestino é um separador. Ele separa e transfere para o sangue os nutrientes de que seu corpo precisa para continuar funcionando. É ele quem pega a pizza e decide que partes dela vão virar caca e quais vão se transformar em energia para você ficar mais vivo que nunca.

O **intestino** é um tubo todo enrolado, com nove metros de comprimento e cheio de malcheirosas voltas pra cá e pra lá. Para você ter uma ideia, um prédio de três andares tem mais ou menos nove metros de altura. Se a gente conseguisse pegar nosso intestino e o esticasse todinho, veria, então, que ele é do tamanho de um prédio de três andares! Bom, ainda bem que dentro do corpo ele fica todo enroladão, hein? Mas atenção: fica enroladão, mas não enrola no trabalho!

Nosso intestino é dividido em 2 pedaços

O primeiro pedaço é o **intestino delgado**. Ele recebe a comida que vem do estômago já na forma de uma sopa nojenta. O intestino delgado tem como missão pegar essa sopa de nojo e tirar dela tudo o que seu corpo precisa para continuar funcionando.

Para ter certeza de que o serviço vai mesmo ficar muito bem-feitinho, a sopa nojenta ainda recebe mais um bocadinho de enzimas do pâncreas e do fígado. Tudo para não deixar nenhuma molécula inteira sobrando. Por dentro, o seu intestino delgado parece um carpete bem peludo. Esses pelos sugam os nutrientes da sopa nojenta e passam tudo para o sangue.

O sangue passeia o tempo todo pelo corpo e, nesse passeio, distribui e recolhe várias coisas. Entre elas estão os nutrientes absorvidos pelo seu carpete suga-suga.

Depois que o carpete do seu intestino delgado sugou tudo o que queria daquela sopa, o que não foi absorvido segue para a próxima seção da sua fábrica: o **intestino grosso**.

POR DENTRO DA FÁBRICA

1. sopa de pizza chega ao intestino delgado

2. recebe enzimas do pâncreas e do fígado

3. intestino separa o que vai virar caca e o que vai virar energia

4. usa o carpete suga-suga para mandar o que é nutriente para o sangue

5. sangue transporta a energia para o corpo

6. intestino delgado despacha o que não é nutriente para o intestino grosso

O guarda-caca

De tempos em tempos, a gente pega uma caixa e coloca dentro as coisas de que não precisamos mais. *"Ih, esse brinquedo é de neném. Não quero mais." "Ah, essa calça rasgou bem aqui ó. Não dá pra usar." "Humm, esse tênis está pequeno para o meu pé. Vou dar para o meu irmão."*

O **intestino grosso** é como se fosse essa caixa com coisas que não servem mais pra gente. Ele guarda ali todo restinho de comida que não tem utilidade para o nosso corpo. Ou seja, o seu intestino grosso é um guarda-caca. (*Ué, não existe guarda-roupa? Ele é um guarda-caca!*)

Tudo o que sobrou, tudo o que seu corpo não precisa, fica ali no intestino grosso ganhando forma, ficando enxuto e esperando os empurrões que vão fazê-lo atravessar a parte final do seu intestino, até mergulhar na água da privada, que é o fim dessa grande aventura da pizza que você comeu.

Cocô = Caca = Fezes

A temporada que seu cocô passa no guarda-caca é importante também para dar uma secadinha nele. Nessa altura do campeonato, seu cocô é um treco ainda muito, mas muito cheio de água. Bom, mesmo depois dessa enxugada no intestino grosso, a maior parte da sua caca continuará cheia de água. Mas aí ela vai estar na medida certa.

Toda vez que junta ali um bolinho de trinta gramas de caca já enxuta, uma portinha se abre e deixa passar esse bolinho caquento para a reta final do seu intestino. Essa parte tem o nome de... **reto**.
Depois que alguns bolinhos de caca se juntam no reto, já começamos a pensar em ir ao banheiro.
Se achamos um banheiro gostosinho, a gente senta na privada e abre a última portinha do sistema digestivo. Agora é só dar tchau pra caquinha, que o serviço está completo. Você limpa o bumbum bem limpado, dá descarga, lava as mãos e está pronto para gastar a energia dos nutrientes que a digestão lhe forneceu.

A minha, a sua... amiga caca

Eu tenho nojo de cocô, e você também, certo? Mas acontece que a gente não pode esquecer que o cocô é muito importante. O corpo fabrica a caca para se livrar daquilo que você botou para dentro e que não tem utilidade alguma para seu organismo. Então, fazer cocô é muuuuuuuito importante para a sua saúde. E é legal saber o que existe dentro da sua caqueira.
Em geral, cada cocô pesa uns 150 gramas, que é mais ou menos o peso de uma barrinha de chocolate. E se você não está doente, seu cocô vai ter:

POR DENTRO DA FÁBRICA

1. O que não serve para o corpo é bem enxuto e guardado no intestino grosso

2. se uma bolinha de caca está no ponto, vai para o reto

3. quando várias bolinhas de caca se reúnem no reto, dá vontade de ir ao banheiro

4. no banheiro, você abre o seu furiquinho e deixa a caca ir embora

5. limpa o bumbum com capricho, dá descarga, lava as mãos e ponto-final

- um pouco de gordura
- muco (que ajuda a sua caca a deslizar para fora...)
- água, porque grande parte da caca é mesmo água, apesar de não parecer assim só de olhar, né?
- pelo menos um trilhão de bactérias (são elas que dão aquele cheiro fofo à sua caquinha querida)
- sementes, cascas e outras partes das verduras e dos legumes que o corpo da gente não dá conta de digerir (o milho da pizza, por exemplo)
- outras poucas coisinhas que a gente não vai explicar agora

Já a cor da sua caquinha quase sempre fica entre o marrom e o amarelo. Mas a cor pode mudar de acordo com o que você comer ou quando estiver doente. Quem come mais verdura pode ter um cocô mais verde. Quem come muita beterraba fica com o cocô cor de... beterraba!

Algumas doenças podem colorir a caca de um amarelo bem amarelo ou até mesmo de um azul meio verde.

Você sabia que o cheiro ruim da caquinha é culpa das bactérias que vivem dentro da gente? Elas comem pedacinhos da comida e até se alimentam devorando uns naquinhos do seu cocô. Em outras palavras, o cheiro da sua caca depende do que você comeu e também do tipo de bactéria que mora no seu intestino. Cada pessoa produz um fedor particular.

Às vezes, seu corpo acha que o que você comeu não está legal. Por exemplo, você pegou na geladeira uma fatia de pizza da semana passada e não reparou que ela não estava boa.

Você comeu pizza estragada sem perceber. Mas seu corpo percebeu. Então, ele quer ficar livre daquilo bem depressa. Aí, ele fabrica um piriri. O cocô passa batido pelo guarda-caca e vai embora, sem dar tempo para o intestino sugar parte da água. Daí o cocô sai todo molengo, às vezes completamente líquido. Agora você sabe que isso aconteceu porque o seu intestino grosso não trabalhou em cima daquela caquinha!

Piriri = Carreirinha = Diarreia

Bom, mas não é só comida meio podre que faz a gente ter diarreia. Existem mais de cem doenças que podem causar esse problema. Às vezes pode até ser alergia a alimentos, comida em excesso, estresse, e até um ataque de muito, mas muito medo.

Mas há pessoas que sofrem com o problema oposto: elas têm o intestino preso. Se você está com o intestino preso, sem conseguir colocar cocô algum para fora, sua caca vai ter pouca água, pois ela ficará muito tempo no intestino grosso, que vai sugar, sugar, sugar água demais. Ou seja, o seu cocô vai ficar duro e seco, quase uma pedra. E vai ser dureza colocar essa caca pra fora...

Um jeito de fazer o intestino desprender, de colocar a fila pra andar, é comer bastante fruta, verdura e legume. As fibras que existem nos vegetais permanecem intactas quando passam pelo seu estômago. Você percebe isso direitinho quando olha pra sua caquinha boiando lá na privada e vê pedacinhos de milho nela. Então, se você come bastante desses alimentos, eles vêm varrendo o seu intestino na maior animação e aí empurram pra fora toda a caca que está agarrada lá dentro. Funciona que é uma beleza!

Tem pum saindo da chaminé da sua fábrica...

O intestino grosso serve de casa para muitas e muitas bactérias. A maior parte delas são nossas amigas e muito trabalhadoras. Todas essas operárias da sua fábrica de caca recebem o nome de "flora" e seu sobrenome é "intestinal". A **flora intestinal** auxilia na digestão da comida, provocando a fermentação da caca e deixando as substâncias do tamanho certo para serem transportadas pelo sangue.

O problema é que, ao fazer esse serviço pra gente, as bactérias contribuem para a formação de gases. Isso mesmo: neste exato momento existem bactérias aí dentro da sua barriga produzindo pum pra valer! E como são muitas, a atividade delas resulta num pum grande que é só seu e que, ai, ai, ai, você está prestes a soltar! *Taratatatá*!

Pum = Peido = Flatulência

Pois é, você solta pum, eu solto pum, todo mundo solta pum. Todo dia todo mundo solta vários puns. E se a gente tivesse um jeito de recolher os puns que uma só pessoa solta por dia, ia ser possível encher um balão de aniversário!

No entanto, algumas coisas que você come enchem seu corpo de mais gás do que outras. É que as bactérias que moram no seu intestino têm alguns alimentos preferidos. Se você comer um desses alimentos, elas vão ficar muito contentes e, para agradecer, vão fabricar mais e mais puns. Essas bactérias adoram, por exemplo, feijão, repolho, melão, couve-flor, couve, ovo... Por isso, quando você come essas delícias, pode ter certeza: vai soltar muito pum!

Se bem que nem todos os puns que você solta são de fabricação exclusiva das suas amigas bactérias.

Tem pum que é causado por uma trombada lá na linha de produção da sua fábrica de caca. Existem alimentos que passam mais depressa pelo sistema digestivo, pois são fáceis de digerir. Outros são exatamente o contrário: demoram muito até serem digeridos. Por isso, cada coisa que você come chega ao intestino numa hora diferente. O que acontece é que, às vezes, uma comida chega no intestino e tromba com outra que já estava na fila. Nessa trombada, surgem bolhas de ar que depois precisam dar o fora dali, claro, através da sua chaminé, ou seja, do seu furiquinho.

Você também pode soltar um punzinho que serve de alarme: seu cérebro resolve avisá-lo de que está na hora de esvaziar o intestino e manda um punzinho antes, como se dissesse: *"Ei, você! Está na hora de ir para o banheiro e sentar quietinho no vaso, com paciência e tempo de sobra, para que a gente possa despachar o seu cocô, falou?"*.

A sua fábrica de caca é fedida e barulhenta, hein?

O pum é formado principalmente por gases sem cheiro. Por isso mesmo, a maior parte dos puns que a gente solta não fede nem cheira. Quando o pum sai fedorento é porque ele contém outros ingredientes. Quer dizer, o cheirinho final de um pum vai depender do que você comeu e do tipo de bactéria que hospeda na sua barriga.

POR DENTRO DA FÁBRICA

1. bactérias trabalham e produzem gases
2. nova leva de cocô chega ao seu intestino
3. cocô novo tromba com o cocô antigo (*ei, cheguei primeiro!*)
4. formam bolhas de ar que ficam desesperadas para sair
5. você abre a porta da chaminé
6. pum ao vento

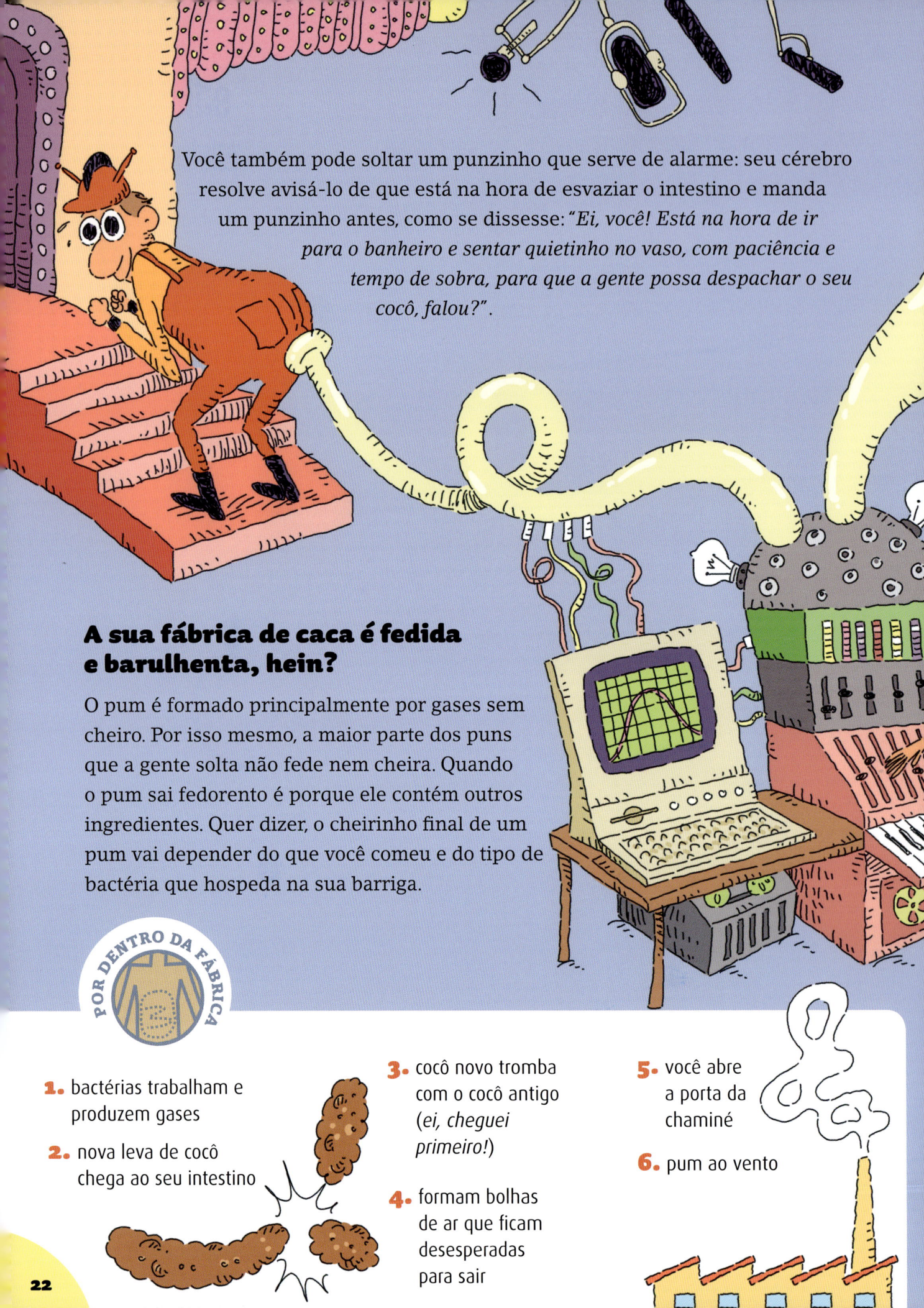

O barulho do pum nem sempre é o mesmo. O gás acumulado é empurrado para fora pela movimentação do intestino. O intestino se move como se fosse uma pasta de dentes automática, que ninguém precisa apertar para que saia do tubo. Então o intestino se aperta, se espreme sozinho e depois pede ajuda a outras partes do seu corpo para empurrar o cocô. E ele faz a mesma coisa pra colocar o pum pra fora.

Pergunta fedorenta: Você e o seu irmão ou irmã passam o dia todo juntos. E comem as mesmas coisas no café da manhã, no almoço e no jantar. É sempre assim. Então, por que um solta mais pum do que o outro? E por que o pum dele ou dela é mais fedorento que o seu?

Resposta mais fedorenta ainda: Porque cada corpo digere os alimentos em ritmos e modos diferentes. E porque cada corpo tem uma coleção própria de bactérias no intestino.

Dependendo da força que seu corpo faz para soltar o pum, ele sairá mais ou menos barulhento. O barulho acontece porque o gás, ao passar, faz tremer os músculos do ânus. Então, o tipo de barulho de cada pum vai depender da força e da rapidez com que o gás passa pelo seu furiquinho. Ah, vai depender também do apertume do seu ânus. Quanto mais relaxada a região, menos barulho o pum faz.

E o xixi, quem fabrica?

A gente não percebe, mas tomamos mais líquidos do que imaginamos. Ingerimos líquidos quando bebemos leite, água, refrigerante, suco, sopa... E também quando comemos, por exemplo, frutas. Ou você nunca reparou no caldinho gostoso que sai de uma fruta madura?
Uma parte desse líquido que você ingere vai ser aproveitado em vários cantos da sua pessoa. E um outro tanto ajuda a expulsar aquilo que seu corpo não quer – através do suor, do cocô, do xixi e até do ar que soltamos durante a respiração!

Então, agora você já sabe o que é o **xixi**: é o que o seu corpo joga fora depois de recolher dos líquidos tudo o que é útil para você continuar inteligente, bacana, feliz, forte e saudável. O mais comum é a gente fazer xixi de quatro a seis vezes por dia. Mas se você bebeu muito líquido, vai fazer mais xixi.

Xixi = Mijo = Urina

O xixi é produzido nos **rins**. Todo mundo tem dois rins que vivem juntinhos, tipo irmãos gêmeos. Mas um deles está um pouco acima do outro, mais ou menos no meio das suas costas, logo abaixo da última costelinha. Achou?

Bom, o trabalho dos rins na sua fábrica é ficar ali o tempo todo filtrando o sangue. Eles juntam a água que está em excesso no sangue, o sal que está sobrando e mais algumas substâncias que não devem ficar boiando na corrente sanguínea e tiram tudo isso de lá. Então, produzem o xixi.

É por isso que os médicos dizem pra gente tomar bastante água. Porque a água, com a ajuda dos rins, faz uma faxina no nosso sangue. E depois esse caldinho, que é o xixi, joga fora o que não é legal para você, como um balde de água suja depois de limpar o chão da cozinha, por exemplo. Isso quer dizer que, para ficar com um corpo saudável, forte, campeão, você precisa tomar bastante água todo dia.

Abra a porteira que a bexiga está cheia

O xixi produzido pelos rins vai para um depósito, um órgão chamado **bexiga**. E a bexiga é isso mesmo: um sacão que parece feito de elástico e que vai se alargando na medida em que mais e mais xixi vem dos rins.

Quando a bexiga acha que não dá para receber nem mais uma gotinha de xixi, ela pede para o cérebro avisar você: *"Oi, oi, oi. Sua bexiga está cheia! Melhor ir para o banheiro e esvaziá-la, para não correr o risco de fazer xixi na calça"*.

POR DENTRO DA FÁBRICA

1. água, suco, leite, frutas, sopa, caldinho de feijão... Tudo isso vai para os rins

2. os rins usam esse líquido na operação de filtrar o sangue

3. o que não tem serventia vai para a bexiga na forma de xixi

4. a bexiga guarda o xixi até você ir ao banheiro

Nessa hora você simplesmente tem que esvaziar a coitadinha, se não quiser sofrer um acidente do tipo... molhado.

Ah, você sabia que o ser humano pode ficar vários dias sem comer, mas não consegue sobreviver sem água?

Por isso é importante beber bastante líquido diariamente.

5. a bexiga abre a portinha e você faz xixi na privada

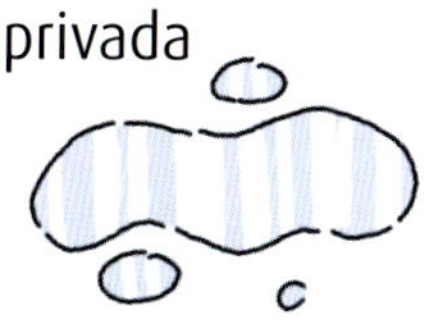

6. os meninos ficam atentos pra não sujar o chão ou o assento do vaso

7. as meninas limpam o xixizódromo com papel higiênico

8. meninos e meninas dão descarga

9. meninos e meninas lavam as mãos e ponto-final

Seu corpo trabalha e você se diverte!

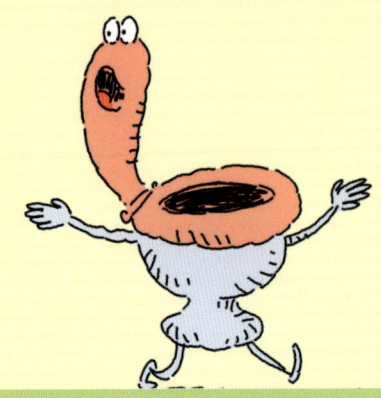

Deu para ver que o seu corpo não fabrica tanta nojeira à toa, né? Tudo faz parte do trabalho de manter você sempre com saúde, bem disposto, cheio de energia e pronto para tudo. Por isso é bom colaborar com ele, que trabalha tanto para que você possa se divertir por aí...

Quer ajudar seu corpo? Veja as dicas!

1

Escovar os dentes, passar fio dental, limpar a língua e visitar o dentista regularmente garantem dentes fortes para mastigar e uma boca cheirosinha. Ah, e não se esqueça de que os dentes ficam muito felizes de serem usados de verdade. Portanto, mastigue bem a comida. Nada de engolir tudo na maior pressa, sem mastigar direito.

2

Comer muito depressa, engolir pedaços mal mastigados, ingerir alimento gorduroso, comer muito doce ou comida já meio velha pode causar grandes problemas. Quando você se alimenta com calma, mastiga direitinho a comida e escolhe bem o que come, seu corpo agradece e trabalha tranquilo, sem problemas, deixando você bem disposto pra fazer tudo o que quiser.

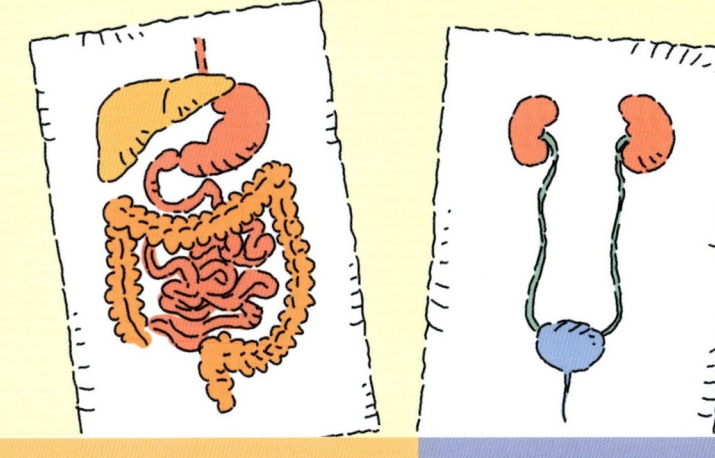

3

Para o seu cocô sair todo dia e bem direitinho, é bom comer menos porcarias (balas, sorvetes, salgadinhos, lanches...) e mais alimentos saudáveis: frutas, verduras, legumes, cereais integrais. E tente fazer seu cocozinho sair todo dia na mesma hora, assim ele se acostuma e vai sempre pedir na hora certa!

4

Tome muita água e outros líquidos diariamente para que seus rins produzam bastante xixi e seu corpo fique livre do que não quer ou não precisa.

5

Lave sempre as mãos depois de despachar o xixi e o cocô, mesmo que a sua mão nem pareça suja. Seu cocô, em especial, vai embora levando um monte de nojeiras que o seu corpo está jogando fora. Ao lavar as mãos, você se protege e evita contaminar outras pessoas. Se você limpou cocô de cachorro, gato ou passarinho também tem que lavar as mãos depois, certo?

Fátima Mesquita deu suas primeiras golfadas em Belo Horizonte, onde nasceu. Depois, seu pai tornou-se médico e a família mudou-se para João Monlevade, no interior de Minas Gerais.

Quando criança, Fátima nunca encontrou um livro que explicasse de onde vinha o pum, como o cocô se formava ou como o xixi era fabricado. Por isso, quando ela cresceu e até ganhou fios de cabelo branco, resolveu escrever sobre essas nojeiras todas – para matar a própria curiosidade, para dar muita risada e para que outras pessoas lessem e ficassem sabendo de tudo.

Ela é autora dos livros *Almanaque de puns, melecas e coisas nojentas*, *Almanaque de baratas, minhocas e bichos nojentos*, *Almanaque de corruptos, ditadores e tiranos nojentos*, e *Piratas – os personagens mais terríveis da história*, todos pela Panda Books.

Hoje, a Fátima mora no Canadá, em Toronto, onde continua escrevendo livros, programas de rádio, textos para jornais e revistas, além de traduzir websites e legenda de filmes que depois as pessoas veem no Brasil.

Ah, se você quiser falar com ela, para dizer o que achou deste livro ou sugerir ideias, mande um e-mail para *parafatima@yahoo.com.br*

Queria mandar um beijo e um pedaço de queijo...
Pra minha mãe, minha família e pros meus amigos do Brasil, de Angola, da Inglaterra e do Canadá. Sem a paciência, o carinho, o apoio e o incentivo de vocês, meus caros e caras, eu ia ficar com preguiça, passar meu tempo jogando no computador e não ia escrever nunca nada.

E vai também um abraço especial para a Dodora Mesquita, que me ajudou a organizar este livro. Ela é muito esperta e eu presto muita atenção em tudo o que ela diz, porque ela é minha irmã mais velha, sabe? E eu termino por aqui. Até o próximo livro!

Fábio Sgroi já ilustrou dezenas de livros para o público infantil. Desde cedo a paixão pelos desenhos falou mais alto e foi desenhando nas carteiras escolares e nas paredes da diretoria que ele começou sua carreira. Hoje, além de ilustrar livros, revistas e jornais, também dá aulas e cria projetos gráficos. Quando sobra um tempinho, gosta de assistir filmes do Godzilla e seriados antigos de heróis japoneses (ele é fanzão do Ultraman).

Se você quiser conhecer mais do trabalho deste grande ilustrador (ele tem 1,92 m de altura), é só acessar: www.fabiosgroi.com.br

Queria mandar um abraço com goiabada...
Para o Pedrão, a Fabiana Guerra, o Fábio Pereira (vulgo Jor-el) e o Marcello Araujo, pessoas que, assim como ele, adoram ler no banheiro...

POST SCRIPTUM

Este livro não é de ciências nem de medicina. É apenas um livro de curiosidades sobre algumas partes do corpo humano sem maior responsabilidade do que a de divertir e despertar o interesse do leitor pelo tema.